美麗的小明星

Written by

Sylva Nnaekpe

Copyright © 2019 Sylva Nnaekpe.

保留所有權利. 這本書的任何一部分都可以通過任何手段, 媒介轉載,
圖形, 電子或機械, 包括復印, 錄音, 錄音
或在沒有書面許可的情況下, 任何資訊儲存檢索系統
提交人除外, 但在關鍵文章中包含的簡短引語除外
和評論.

書籍可能通過書店訂購或
通過聯絡Silsnorra Publishing at:
silsnorra@gmail.com

由於網際網路的動態性質, 任何網路地址或
本書中包含的連結可能自出版以來已經改變了
而且可能不再有效. 在這個工作中表達的觀點是
只有作者, 並不一定反映出版商的觀點,
出版商在此否認對他們的任何責任.

Isbn 978-1 951792-26-8 (軟封面)
Isbn 978-1-951792-25-1 (硬封面)
Isbn 978-1-951792-34-3 (電子書)

在最後一頁上可用的列印資訊.

Silsnorra Publishing 審☒日期: **10/18/2019**

我的出生帶來了幸福,

快樂和笑聲.

這是最美麗的景象.

我有最美麗的特徵:

頭髮, 眼睛, 鼻子,

耳朵, 牙齒和嘴巴-

就像大多數其他人一樣.

我的心充滿了同情,

愛和關懷.

我有一個想法,

我可以打電話給我自己.

我是一個自由的精神-願意,

有能力,

並準備學習和探索新的東西.

血液在我的血管里運行,
我和大多數其他孩子一
樣經歷同樣的成長和發展過程.
我學會爬, 說話,
坐著, 站立, 行走,
奔跑, 就像我遇到的許多孩子.

我享受生命-空氣,

水, 食物, 飲料, 陽光, 星星,

沙子和季節的禮物-

就像其他人一樣.

我有很多的能量.

我穿著適合季節的衣服,

我是個很酷的孩子.

我被那些關心和想看

到我做得很好的人包圍.

我會長大成為任何我想要的,
選擇是, 在那些愛我的人
們的幫助和支援下,
關心我, 在我身邊.

我是被愛的, 我在乎.

有些事情可能會試圖讓我們分開,

但我相信在一

起, 我們可以讓世界

變得比現在更好.

我的名字是伊夫里.

我很漂亮,

和

你也一樣.